AF267892

UNIONS DE LA PAIX SOCIALE

FONDÉES PAR F. LE PLAY EN 1872

# UNIONS DU NORD

## ASSEMBLÉE GÉNÉRALE DU 21 MARS 1893, A LILLE

Sous la présidence de

### M. Georges PICOT

de l'Institut.

---

**Compte rendu général et Rapport sur les prix.**

M. G. PICOT :
**L'Usage de la Liberté**

M. E. ROSTAND :
**La Réforme des Caisses d'épargne devant le Sénat.**

---

**PRIX : 1 Fr.**

PARIS

SECRÉTARIAT DE LA SOCIÉTÉ D'ÉCONOMIE SOCIALE

ET DES UNIONS

54, RUE DE SEINE, 54

1893

# SOCIÉTÉ INTERNATIONALE D'ÉCONOMIE SOCIALE

La Société, fondée par Le Play, s'est constituée le 27 novembre 1856, pour remplir le vœu exprimé par l'Académie des sciences, en couronnant l'ouvrage intitulé les *Ouvriers européens*. Elle applique à l'étude comparée des diverses constitutions sociales la méthode d'observation, dite des monographies des familles. Elle reproduit les monographies les plus remarquables dans le recueil intitulé les *Ouvriers des deux mondes*, et publie le compte rendu *in extenso* de ses séances dans la *Réforme sociale*, bulletin de la Société d'économie sociale et des Unions.

La *Société d'Economie sociale* se compose de *Membres honoraires* versant une cotisation de 100 francs par an, au minimum, et de *Membres titulaires* payant 25 francs. L'un et l'autre de ces deux prix donnent droit à recevoir la *Réforme sociale*, qui est adressée à tous les Membres deux fois par mois, le 1er et le 16 ; et les *Ouvriers des deux mondes* qui paraissent par fascicules trimestriels.

---

# LES UNIONS DE LA PAIX SOCIALE

Les *Unions* ont pour but de propager et de mettre en pratique les doctrines de l'*Ecole de la paix sociale*. Elle sont réparties par petits groupes en France et à l'étranger. Leur action s'exerce par l'intermédiaire de CORRESPONDANTS locaux.

Les membres sont invités à transmettre au secrétariat général les faits qu'ils ont pu observer autour d'eux, ou les renseignements qui sont parvenus à leur connaissance. Ces communications sont, suivant leur importance, mentionnées ou reproduites dans la *Réforme sociale*.

Les *Unions* se composent de membres *associés* et de membres *titulaires*. Les membres *associés* versent une cotisation annuelle de 15 francs (france et étranger) qui leur donne droit à recevoir deux fois par mois la *Réforme sociale*, *bulletin* de la *Société* et des *Unions*. Les *membres titulaires* concourent plus intimement aux travaux qui servent de base à la doctrine des *Unions* ; ils payent, outre la cotisation annuelle, un droit d'entrée de 10 francs au moment de leur admission, et reçoivent, en retour, pour une *valeur égale* d'ouvrages choisis dans la *Bibliothèque de la paix sociale* et livrés au prix de revient.

Pour être admis dans les *Unions de la paix sociale*, il faut être présenté par un membre, ou adresser directement une demande d'admission au Secrétaire général, boulevard Saint-Germain, 174, à Paris. Les noms des membres nouvellement admis sont publiés dans la *Réforme sociale*.

---

# LA RÉFORME SOCIALE

### Bulletin de la Société d'Économie Sociale
### et des Unions de la Paix Sociale.

Les personnes étrangères aux deux Sociétés peuvent s'abonner aux conditions suivantes :

FRANCE : Un an 20 fr. ; Six mois 11 fr. | EUROPE : Un an 25 fr. ; Six mois 14 fr.

Hors d'Europe : le port en sus.

Les abonnements partent du 1er de chaque mois.

## CHAQUE LIVRAISON    1 FRANC

UNIONS DE LA PAIX SOCIALE

FONDÉES PAR F. LE PLAY EN 1872

# UNIONS DU NORD

## ASSEMBLÉE GÉNÉRALE DU 21 MARS 1893, A LILLE

Sous la présidence de

## M. Georges PICOT

de l'Institut.

---

**Compte rendu général et Rapport sur les prix.**

---

M. G. PICOT :

**L'Usage de la Liberté**

M. E. ROSTAND :

**La Réforme des Caisses d'épargne devant le Sénat.**

---

**PRIX : 1 Fr.**

PARIS

SECRÉTARIAT DE LA SOCIÉTÉ D'ÉCONOMIE SOCIALE

ET DES UNIONS

54, RUE DE SEINE, 54

1893

# ASSEMBLÉE GÉNÉRALE

## TENUE A LILLE LE 23 MARS 1893

### PAR LES

## UNIONS DE LA PAIX SOCIALE

———

Les membres des Unions de la paix sociale savent déjà quelle brillante et profitable campagne vient d'achever le groupe de Lille ; la *Réforme sociale* (1) leur a fait connaître le sujet des huit conférences qui, à l'intervalle d'une semaine, ont attiré et retenu pendant deux mois des auditoires toujours plus nombreux et plus attentifs ; les indications, nécessairement très condensées de la *Revue*, ont suffi pour montrer avec quel soin et quel succès le programme avait été composé au point de vue général comme au regard des préoccupations particulières de la région.

Réunir un tel nombre de questions si heureusement appropriées aux circonstances du temps et du lieu; mettre la main pour chacune d'elles sur l'homme capable de la traiter ; trouver un auditoire fidèle à une époque où l'excessive profusion de la parole écrite ou parlée a émoussé la curiosité ; maintenir au milieu de l'extrême diversité des sujets et de l'indépendance absolue des conférenciers, cette belle unité qui n'est point imposée comme un corps de doctrine, qui n'a même pas été concertée, mais qui apparaît d'elle-même à l'esprit observateur et se révèle comme la plus évidente manifestation de la vérité... ce n'est pas une mince besogne pour ceux que n'ont point effrayés les périlleuses difficultés de l'organisation matérielle; ce n'est pas non plus un résultat auquel puissent prétendre beaucoup d'Écoles, quels que soient le talent, le renom et l'activité de leurs chefs ou de leurs disciples.

N'est-ce pas là, en effet, ce qui donne à l'École de Le Play son originalité propre et constitue pour elle le meilleur gage du maintien de sa prospérité et du développement de ses progrès ? — d'une part, la liberté sans limite laissée à ses disciples à qui elle ne demande, pour les admettre, aucun sacrifice de leurs croyances ou de leurs préférences

(1) V. la liv. du 16 mars 1893.

historiques, politiques, religieuses, économiques, qu'elle est heureuse, au contraire, de voir s'abandonner à la féconde diversité de leur tempérament; — de l'autre, l'étonnante harmonie à laquelle ils arrivent fatalement au terme de leurs études ou de leurs observations, pourvu qu'ils suivent la méthode, laquelle tient tout entière en ces trois points : renoncement formel à tout préjugé et à toute idée préconçue, observation impartiale des faits, docilité à se conformer aux conclusions, même inattendues, que fait ressortir cet examen. « Cecy est un livre de bonne foy, lecteur », disait Montaigne en sa devise des *Essais;* ce mot pourrait être inscrit sur la bibliothèque tout entière qu'ont formée Le Play, ses amis et ses continuateurs; pas une page de ces nombreux écrits ne le démentirait.

Cette concordance de conclusions, dans la multiplicité des vues, s'est trouvée vérifiée une fois de plus dans les conférences de Lille : quand M. Béchaux a traité de la réglementation du travail, il a demandé qu'avant de légiférer on fît une enquête préalable sur les conditions particulières dans lesquelles s'exerce chaque métier, ce qui revient à prendre pour base la réalité des choses au lieu de se laisser aller une fois de plus au système cher aux théoriciens, qui consiste à appliquer la même mesure à des quantités essentiellement dissemblables entre elles ; quand, avec MM. Delecroix, Duthoit, Houdoy, Martin, Delesalle, Fauchille, sont venues à l'ordre du jour les questions brûlantes des caisses de secours des ouvriers mineurs, des syndicats professionnels, du déclin de la natalité, des grands magasins, des accidents du travail, des assurances ouvrières, c'est toujours la cause de la liberté de l'initiative privée dont les faits, bien plus que les orateurs, ont pris la défense ; dans tous les ordres d'idées, il a été démontré, faits et chiffres en mains, que, dans la mine, dans les associations corporatives, dans la famille, dans le magasin, dans la grande industrie, dans l'atelier, l'intervention de l'État, quand l'État prétend se charger de ce que fait actuellement ou de ce que pourrait faire l'initiative privée, est contraire au droit naturel, à la logique, à la justice et surtout aux intérêts mêmes dont les socialistes de toute école et de tout degré se disent les seuls bons défenseurs.

La même unité a été affirmée par les deux orateurs de la séance solennelle de clôture; car il y a eu une séance solennelle, et c'était justice. Il convenait que cette longue série de réunions d'études — auxquelles ne manquait point cependant un certain agrément, témoin la fidélité et la composition de l'auditoire — fût couronnée et consacrée par la présence et par la parole d'hommes qui ont toute autorité pour représenter l'École et pour parler en son nom; c'est cette consécration et cette récompense que sont venus apporter au groupe de Lille et aux Unions de Flandre et d'Artois MM. Georges Picot, Alexis Delaire et Rostand. Autour d'eux, sur l'estrade, avaient pris place : MM. Ange Descamps, vice-président de la Société industrielle du Nord, H. Dubreucq, Henri Bossut, ancien présideut du tribunal de commerce de Roubaix, Jourdain, président de la chambre de commerce de Tourcoing, Ch. Delesalle, A. Fauchille, Marion, Houdoy, H. Delestré, Thoyer, etc. Dans la salle on remarquait M. Bayet, recteur de l'académie de Lille, Faucher, ingénieur en chef, adjoint au maire de Lille, Houzé de l'Aulnoit, Théry, Vanlaer, anciens bâtonniers, Bourguin et Jacquey, professeurs aux facultés de l'État, Witz et Desplats, des Facultés libres ; de nombreux représentants de la grande industrie, MM. Thiriez, Le Blan, Delesalle, Faucheur, Descamps, Masurel-Jonglez, de Tourcoing, Amédée Prouvost, Louis Cordonnier, de Roubaix, et plusieurs notabilités de la région.

Après quelques mots de bienvenue de M. Ange Descamps, au nom des Unions de Lille, M. Picot, président, a fait des libertés que nous avons conquises depuis un siècle  un tableau (1) que certains ont trouvé légèrement optimiste et qui cependant est d'une exactitude parfaite : ceux qui ont subi cette impression ont eu sans doute quelque peine à s'élever tout d'un coup et à se maintenir, avec l'éminent académicien, dans les hauteurs des principes et du droit, retenus qu'ils étaient et que nous sommes tous dans une région moins sereine par les violations quotidiennes des libertés solennellement octroyées; ils ont bien dû remarquer cependant que l'orateur, en énumérant les libertés dont nous jouissons, peut-être avec quelques entraves, mais que nous avons le droit de revendiquer, a constaté que l'une d'elles manquait à l'appel, et précisément celle qui pourrait être de l'application la plus féconde: la liberté d'association ; ils n'ont point laissé échapper, puisqu'ils l'ont vigoureusement applaudie, cette belle et forte partie du discours où se trouvent signalés « les abus de la liberté corrompue » ; ils se rappelleront enfin que ces violations de libertés qui assombrissent leur horizon ne sont, elles aussi, que des abus d'autorité de l'État et que l'École de Le Play n'a pas de plus instante préoccupation que de circonscrire l'action publique dans tous les domaines, afin de laisser libre jeu aux initiatives privées. C'est précisément à ce dernier terme qu'est venu aboutir tout le discours de M. Picot : « Réclamons la liberté qui nous manque, mais sachons user de celle que nous avons ; et le meilleur, le seul usage qu'une démocratie puisse faire de la liberté, c'est que les individus et les groupes naturellement constitués rivalisent d'ardeur dans l'activité et le dévouement ; tel est LE DEVOIR SOCIAL ».

Tout autre était le sujet que traitait et que traite depuis si longtemps M. Rostand avec une verve sans cesse rajeunie, avec des documents sans cesse renouvelés (2), et cependant identiques ont été ses conclusions.

(1) V. ci-après p. 9.
(2) V. ci-après p. 17.

L'organisation actuelle des caisses d'épargne est une des manifestations
es plus illogiques, les plus iniques, les plus dangereuses de l'intervention
tion abusive de l'État : ne serait-il pas juste qu'une partie de l'épargne
actuellement drainée sur toute l'étendue du territoire restât sur place
pour féconder le sol où elle a été si péniblement amassée ? ne réaliserait-
elle pas, dans une certaine mesure, ce crédit agricole qui donne lieu à
tant et de si vaines combinaisons et qui est une question capitale pour
l'agriculture parce que, si l'agriculture manque de bras, c'est qu'elle
manque d'argent ? n'aiderait-elle pas puissamment à fonder en tous
lieux l'œuvre des habitations à bon marché qui a, partout où elle a pu
s'implanter, donné de si merveilleux résultats au point de vue social ?
Aussi n'est-ce pas sans chagrin que nous avons vu cette réforme violemm-
ment combattue à la Chambre par un groupe d'hommes sincèrement
dévoués à la cause du bien-être matériel et du relèvement moral de
l'ouvrier, comme à celle de la paix sociale ; espérons que le Sénat sera
mieux inspiré. En tout cas, l'idée fait son chemin et s'empare de l'opinion, ce qui lui assure un triomphe que nous désirerions très prochain ;
l'honneur en reviendra pour une immense part à l'école de Le Play et à
l'un de ses disciples les plus brillants, M. Rostand.

La solennité de la séance ne consistait pas seulement, ce qui eût déjà
suffi amplement, dans la parole de MM. Picot et Rostand ; il y avait aussi
une distribution de récompenses. Un concours avec prix avait en effet
terminé la série des conférences ; le nombre et la valeur des travaux pré-
sentés suffisent à en prouver l'utilité et le succès. Nos lecteurs en juge-
ront par eux-mêmes en jetant les yeux sur le rapport suivant lu par
M. H. Dubreucq, membre de la chambre de commerce de Lille :


Mesdames, Messieurs,

Au mois de janvier 1893 des affiches apposées dans les grandes écoles
de Lille, facultés de l'Etat et facultés libres, école de commerce et écoles
industrielles, annoncèrent en même temps que nos conférences un concours qui en serait pour ainsi dire le couronnement.

L'Union de la paix sociale, désirant stimuler la jeunesse studieuse,
offrait deux prix aux deux auditeurs qui auraient présenté le meilleur
résumé de toutes les conférences : un premier prix de 300 francs et un
deuxième de 200 francs, tous deux accompagnés des œuvres de notre
maître Frédéric Le Play, que la Société d'économie sociale mettait gé-
néreusement à notre disposition. On demandait aux concurrents « de
donner un résumé clair et précis des questions traitées, en mettant
en relief les faits les plus caractéristiques, et les idées les plus
saillantes ». Les concurrents ne devaient pas se faire connaître, mais ins-
crire une devise sur leur mémoire et reproduire la devise sur un pli
cacheté, qui renfermerait leur nom et leur adresse.

L'idée fut accueillie avec faveur. A certaines séances, on compta jusqu'à 40 jeunes hommes qui prenaient assidûment des notes : 20 ont persévéré jusqu'à la fin, etc., c'est l'histoire de la plupart des concours, 9 seulement se décidèrent à remettre des mémoires détaillés sur les conférences sociales de 1893. Le jury fut composé des huit conférenciers. Chacun d'eux n'avait à apprécier que le résumé de sa conférence et à donner une note allant de 1 à 20, la note 20 étant le maximum. Puis dans une réunion générale, les conférenciers, auxquels s'adjoignirent les membres du Comité de l'Union de la paix sociale, attribuèrent définitivement les deux prix. Afin de confirmer toutes les garanties d'impartialité et de sérieux aux différents concurrents, il nous suffira de rappeler que les enveloppes portant les devises et contenant le nom des auteurs ont été ouvertes en présence du jury tout entier, composé comme il vient d'être dit, et que les deux enveloppes des deux premiers classés ont été seules ouvertes. Les membres du jury eux-mêmes ignorent donc les noms des auteurs qui n'ont pas été couronnés, et les mémoires seront remis à ces derniers avec leur enveloppe intacte.

C'est à titre de membre du Comité, remplaçant un ami aussi dévoué que sympathique, que j'ai l'honneur de vous faire connaître les résultats du concours. Nous devons à la vérité de déclarer que tous les mémoires remis témoignent d'une attention soutenue et de connaissances sérieuses.

L'auteur du mémoire présenté sous la devise : « Fais ce que dois, advienne que pourra » n'a résumé que sept conférences sur huit et a perdu de ce fait une des premières places qu'aurait pu lui assurer son talent. Le mémoire qui a pour devise : « Aide-toi, le ciel t'aidera » est incomplet, il en est de même du mémoire qui porte pour devise : *Cuique suum.*

Nous devons signaler quatre travaux de mérite différent, mais tous quatre recommandables : l'un a pour devise : « Il faut apprendre beaucoup pour savoir peu » ; l'autre : *Plurimæ leges, pessima Respublica;* le troisième reproduit comme titre une lettre de Le Play à son ami Charles de Ribbe ; le quatrième a pour devise : *Pax hominibus.* Ces quatre travaux honorent leurs auteurs, nous regrettons ne pas avoir à notre disposition un plus grand nombre de récompenses, surtout pour ces deux derniers. Si nous étions à l'Académie des sciences morales et politiques, nous leur décernerions une mention honorable (1).

Restent les deux meilleures études. L'une a pour devise : « L'erreur cause de souffrance ». Elle est l'œuvre d'un esprit distingué, c'est la seule composition qui ait groupé dans un plan original l'ensemble des conférences. L'autre, qui a pour devise : *Homo sum et nihil humani a me alienum puto,* est la reproduction fidèle et remarquable de toutes les idées des conférenciers. Elle a obtenu le plus grand nombre de points et, à l'unanimité des membres du jury, a été classée la première.

En conséquence, l'Union de la paix sociale décerne : le premier prix à M. Georges Strée, de Lille, employé à la Compagnie du chemin de fer du Nord ; le second prix à M. Joseph Duquesne, d'Arras, étudiant en droit aux facultés libres de Lille. (*Applaudissements répétés.*)

(1) Pour répondre au vœu exprimé ici, la Société d'Économie sociale a envoyé quelques volumes pour être remis en souvenir aux auteurs des quatre mémoires ainsi désignés.

C'est au milieu des acclamations prolongées de l'assistance que M. Picot a remis les prix aux deux lauréats. L'éclat de cette belle solennité contribuera à en graver le souvenir dans la mémoire de tous, et par suite, espérons-le, à la rendre fructueuse pour la diffusion des idées de réforme sociale dans la région du Nord.

La partie musicale ne faisait même pas défaut ; elle était tenue par une Compagnie justement réputée au loin, la musique des Canonniers sédentaires, institution aujourd'hui unique en France et dont l'histoire ne serait certainement pas déplacée dans cette « Revue » parce qu'elle montre sous un jour original et attachant l'esprit d'initiative des populations du Nord.

Le cadre de la solennité était magnifique et la somptueuse hospitalité qu'offrait aux Unions la Société industrielle de Lille était encore une leçon de choses ; voilà ce que peuvent l'initiative privée et le groupement naturel des activités individuelles.

Il n'y avait qu'une ombre au tableau, mais elle était sensible et pesait péniblement sur tous : c'était l'absence de celui qui est non seulement le chef nominal mais l'âme du groupe de Lille et des Unions du Nord, de celui dont la main discrète se laissait encore apercevoir jusque dans les détails de l'organisation de cette solennité à l'éclat de laquelle un deuil bien cruel lui défendait de participer. Aussi lorsque, dans l'allocution délicate et excellente de tous points par laquelle il a ouvert la séance, M. Ange Descamps fit allusion à l'absence de M. Béchaux, les applaudissements prolongés de toute l'assistance ont montré en quelle estime et affection est tenu ce jeune maître si laborieux, si dévoué, si modeste, si distingué.

ALBERT MARON.

# DISCOURS DE M. GEORGES PICOT

MEMBRE DE L'INSTITUT

## L'USAGE DE LA LIBERTÉ

MESSIEURS,

Les premières paroles que je prononce ici doivent être des paroles de reconnaissance. Je n'ai pas seulement à remercier celui qui vient de parler en votre nom (1), j'ai à vous remercier, à remercier les Unions d'avoir appelé un ancien président de la Société d'Économie sociale à venir présider cette séance.

Nous avons tous suivi depuis quelques mois avec un profond intérêt les efforts qui étaient accomplis à Lille. Vous avez étudié les questions les plus graves. Ni les orateurs, ni les auditeurs ne se sont lassés. Dans ce commerce de plusieurs mois, l'effort de tous a profité largement à la cause du bon sens, à la sagesse éclairée par le talent. Nous avons conçu les plus vives espérances en pensant à ce que pouvait produire le contact intellectuel entre ceux qui savent et ceux qui ont le courage de vouloir apprendre. Nous vous remercions donc, et nous remercions aussi tous les auditeurs en attendant que tout à l'heure des prix leur soient décernés au nom d'une généreuse donatrice et de la Société d'Économie sociale.

En ouvrant des conférences dans lesquelles les plus hautes questions étaient traitées, vous avez compris que nous devions opposer une digne au torrent d'idées fausses qui nous envahit. Chaque temps a ses besoins, chaque âge a ses missions différentes : il faut organiser de nos jours l'éducation sociale.

Tout le monde a participé à ce grand mouvement qui a assuré depuis un siècle la diffusion de l'instruction universelle; il n'y a pas un groupe, pas une opinion, pas un parti qui y ait été étranger.

(1) M. Ange Descamps, vice-président de la Société industrielle, qui avait ouvert la séance au nom du Comité des Unions de Lille.

Au-dessus de cette instruction, il faut que se fasse ce que j'appellerai l'éducation du pays, et c'est de cette éducation que je viens vous entretenir ce soir. C'est au milieu d'auditeurs appartenant à la même condition, d'amis dont le cœur bat aux mêmes espérances, qu'il convient de parler de ces questions et de faire une sorte d'examen de conscience.

Le difficile en des temps troublés, on l'a dit avant moi, ce n'est pas de faire son devoir, c'est de le connaître. Il faut enseigner au peuple son devoir. Ce problème est vrai à toute époque de crise, mais il est plus vrai encore dans ces temps où le peuple est maître de ses destinées, où il faut à tout prix l'éclairer pour ne pas périr, où l'on sent à chaque heure la nécessité de faire tous les efforts, tous les sacrifices pour arracher son pays aux chimères qui le perdent, aux utopies qui l'obsèdent, et pour le ramener dans la voie du vrai et du juste qui peuvent seuls assurer sa prospérité et sa grandeur ! (*Applaudissements.*)

Qu'a fait la France depuis un siècle? On vous l'a dit souvent, on vous l'a répété, vous le lisez, mais la plupart de ces récits sont déformés par l'esprit de parti. On vous la montre, cherchant, hésitant, se trompant, avançant et reculant, infidèle le lendemain à ses serments de la veille. Il faut chercher sous les contradictions apparentes le sens vrai de l'histoire.

Dans le cours de ce siècle, malgré nos huit révolutions, il se dégage des faits une admirable unité. Ceci vous étonne, Messieurs. Et cependant cette observation s'applique aussi bien aux périodes contemporaines qu'à nos plus antiques origines.

Quand on regarde de loin le développement de la France, quand on remonte dans les âges les plus reculés, on demeure frappé de cette suite invariable dans les desseins, de cette persévérance qui a été l'honneur de nos pères. Ceux qui étudient nos annales et en comprennent le sens profond, reconnaissent que notre histoire repose sur deux ou trois idées conçues avec sagesse, suivies avec patience, qui ont contribué à fonder la grandeur de notre pays.

L'unité du territoire, l'unité de la justice, l'unité de l'administration, telles sont les idées qui ont été poursuivies par nos pères à travers tous les obstacles, idées fixes de huit siècles qui ont fait la France; elles lui ont permis d'arriver à son unité nationale avant tous les autres peuples du continent, elles lui ont permis de réaliser cette administration qui s'est formée la première en Europe.

En vérité nous vivons dans un temps où nous nous plaisons à nous calomnier nous-mêmes. Pourquoi prendre à tâche de renier notre passé? Il a vu des efforts puissants qui ont été le résultat des forces accumulées de plusieurs générations. A dater de la Révolution de 1789, nous retrouvons d'autres idées poursuivies avec la même suite. Toutes les générations, je dirai plus, tous les partis ont voulu depuis cent ans l'égalité des droits et la liberté. Notre siècle tout entier a été employé à nous assurer les bienfaits de la liberté.

Dans un temps où la liberté existe, complète, on est peu tenté d'en comprendre le prix, on ne l'estime à sa valeur que lorsqu'elle fait défaut. — Quand elle manque, on la souhaite, on la désire, on sent combien elle est précieuse; quand on la possède, rien ne paraît plus simple, il ne semble pas qu'elle ait dû coûter tant d'efforts. Si l'on avait dit à vos pères, il y a cent dix ans, qu'il y aurait un temps où aucun homme ne pourrait être arrêté sans l'intervention d'un magistrat, où tout citoyen français aurait le droit de voyager, de se mouvoir d'une extrémité à l'autre du territoire, et dans le reste de l'Europe, sans demander un passeport, où nul ne payerait une fraction d'impôt non voté par des mandataires qu'il aurait élus; si on avait dit, il y a un siècle, que chacun serait libre d'ouvrir partout des écoles, des collèges et des facultés; si on avait dit que le commerce pourrait se faire de Marseille à Lille, de Bayonne à Nancy, sans être soumis à des douanes intérieures; si on avait ajouté qu'on aurait le droit de se réunir sans demander de permission pour discuter des intérêts publics ou privés; qu'on aurait le droit de publier des livres, des brochures, des journaux, sans autorisation ni censure préalable, et qu'on pourrait ainsi faire lire à tous sa pensée; si on avait présenté ce tableau à nos pères, s'ils avaient entrevu les libertés dont nous jouissons, ils auraient cru à l'âge d'or.

La liberté était alors considérée comme le terme suprême que devaient poursuivre les efforts humains. Il y avait à cette époque de tels abus, que toutes les intelligences s'unissaient pour les redresser; de tels obstacles que tous voulaient les lever. Lisez les cahiers de 1789, voyez les doléances unanimes de nos pères, vous y retrouverez l'état social véritable de cette époque. Aujourd'hui nous avons oublié tout cela; c'était la France entière qui parlait : clergé, noblesse, tiers état, toutes les forces du pays étaient unies pour demander la liberté individuelle, le droit de voter l'impôt, l'égalité des charges et des droits, la participation aux affaires publiques. Voilà les principes universellement reconnus qui ont fait non seulement le tour de la France, mais le tour de l'Europe civilisée ! Voilà ce qu'il faut avoir perpétuellement sous les yeux pour se rendre compte de l'œuvre accomplie depuis un siècle.

Que reste-t-il à faire ? Nous avons conquis ou plutôt on a conquis pour nous ces libertés. Hors la liberté d'association qu'il nous reste à obtenir et qui sera la conquête assurée de demain, qu'est-ce qu'il nous manque ? Il nous manque, Messieurs, il faut avoir le courage de le dire et de le répéter sans cesse, *il nous manque de savoir user de la liberté. (Applaudissements.)*

On a longtemps cru que la liberté était un but. Elle était tellement loin, semblait tellement inaccessible, elle était entourée d'un tel mirage, que tous se plaisaient à y voir le terme des efforts humains. C'était la baguette d'or des légendes. Lorsque la nation s'en serait emparée, elle aurait obtenu du même coup tous les biens qu'il est permis de désirer. Erreur profonde ! il n'y a pas pour les hommes, il n'y a pas ici-bas d'institutions, il n'y a pas de lois qui dispensent de l'effort quotidien ; la liberté est un instrument admirable, mais sans force propre, qui ne peut enfanter de chefs-d'œuvre qu'aux mains d'habiles ouvriers. La liberté ne se suffit pas à elle-même.

Supposez une nation engourdie par un long esclavage. L'affranchir serait le premier soin ; mais croirait-on qu'il suffirait de dire à cette société paralysée par une incurie héréditaire : « L'heure de votre délivrance a sonné. Avec elle, vos maux ne sont plus qu'un souvenir. Vous êtes à jamais sauvée. » Ce langage ne serait-il pas une dérision ? et n'autoriserait-il pas les colères, lorsque le peuple ressentirait le vide de promesses retentissantes ? « En prononçant ce mot sonore de liberté, vous m'avez tout promis. Il n'est pas un seul des biens de ce monde que vous ne m'ayez montré au terme de la lutte comme le prix de la victoire. Quand je doutais, vous avez mis devant mes yeux le sort des nations les plus prospères de l'univers. Le programme de la liberté contenait tout ce que l'homme peut rêver. Vous m'avez enivré d'espérances. Aujourd'hui où en suis-je ? Le mot magique est écrit sur toutes les murailles, il figure en tête de la plupart des lois. Que vois-je dans cette société que vous vantez ? Quelque chose de plus hideux que tous vos récits du passé, ce qu'il peut exister de pire dans la civilisation ; je vois déborder autour de moi la liberté corrompue. » (*Vifs applaudissements.*)

Oui, la déception est légitime, la colère excusable, mais n'avons-nous pas droit de dire aux découragés : « Vous n'avez pas su user des biens qui vous avaient été donnés. L'instruction à tous les degrés, le droit d'écrire, de parler, d'agir, ce ne sont que des instruments ; c'était à vous d'en tirer un service. Les outils que la liberté vous donnait pouvaient produire des chefs-d'œuvre. Pourquoi les avez-vous laissés aux mains d'ouvriers inhabiles ou coupables ? S'ils ont produit des œuvres détestables, ne vous en prenez qu'à votre incurie. Vous êtes seuls responsables de l'échec. Seuls, vous pouvez prendre votre revanche, mettre fin à la licence et tirer de la liberté les fruits qu'auront mérités vos efforts »?

Messieurs, il ne sert à rien de se faire illusion ; la liberté toute seule ne peut rien donner, si les hommes ne savent pas en user. Elle est en elle-même un fait négatif, elle est le signe de l'affranchissement, elle représente l'obstacle renversé, la barrière ouverte qui laissera entrer dans la carrière, selon les lieux, le cheval le mieux dressé ou la bête fauve. Que m'importe la liberté d'association, si les hommes ne savent pas se réunir pour en mettre à profit la puissance ? Que vaut la liberté de la presse, si la plume qui en use est corrompue ? La liberté de la tribune elle-même, cet instrument de la dignité humaine dans nos sociétés modernes, que peut-elle, si l'assemblée des élus ne contient que des esprits médiocres au service de cœurs tièdes ?

Tout revient donc à ceci : un peuple n'est digne de la liberté, n'en sait jouir et n'en profite largement que dans la mesure où chacun sait agir. Il faut donc avant tout inspirer aux hommes le goût de se servir de leur liberté. Il faut leur montrer les maux à guérir, le bien à faire, les faibles à défendre, les pauvres à relever, la mission qui pèse sur nous tous en une société réglée, en un mot — le devoir social.

Le devoir social ! tout est là. L'expression implique à la fois l'obligation qui pèse sur la conscience et le rôle du citoyen, membre d'une société civilisée.

Un sage a dit que la liberté n'était pas une tente dressée pour le sommeil. Le mot est parfaitement juste : qui dit liberté doit dire activité ; mais permettez-moi de dire encore qu'il ne s'agit pas d'une activité dans le vide, non pas d'une activité matérielle, mais de l'activité morale, activité du cœur, activité du dévouement, activité du sacrifice ! Il faut avoir le sentiment profond que la civilisation tout entière repose sur un effort perpétuel destiné à faire monter plus haut celui qui souffre, à le délivrer de ses souffrances matérielles, à lui permettre ainsi de développer la force de son esprit et le dévouement de son cœur. (*Applaudissements.*)

Donc un peuple ne jouit de la liberté que dans la mesure où chacun des citoyens sait agir.

Dans une vieille société, en Russie, en Allemagne ou en Chine, les classes sont marquées, les rangs et la hiérarchie définis, chacun marche à sa place, plus ou moins lentement, mais avec la régularité d'un régiment à la parade. Il se produit un phénomène tout contraire dans les premiers temps qui suivent l'émancipation d'une démocratie. Ce n'est plus un régiment, c'est une foule qui court sans symétrie et par masses. Au sein de ce mouvement, il semble d'abord que l'anarchie soit générale, peu à peu il se fait un ordre nouveau. L'impulsion, il est vrai, ne vient plus d'un seul, comme sous une monarchie, mais il se forme des influences, des autorités individuelles. Dans la fourmilière humaine naît un esprit de discipline qui, s'il n'embrasse pas l'ensemble, régit les groupes et donne aux efforts individuels leur valeur utile.

C'est aux plus instruits, à ceux qui possèdent le plus d'intelligence et de volonté qu'incombe ce rôle de salut. Les bons sous-officiers, vous le savez, font les armées victorieuses. Les démocraties laborieuses et puissantes doivent leur expansion à ces soldats du devoir qui, animés par une conviction, vouent à la propagande d'une idée, à l'accomplissement d'un service, tout ce qu'ils ont de force et de vie. (*Approbation.*)

On a longtemps parlé en ce siècle des « classes dirigeantes ». Le mot était sur toutes les lèvres; cette expression doit être bannie de notre langue. Il faut le répéter avec mon ami, M. Claudio Jannet, il n'y a plus de nos jours de classes dirigeantes, il n'y a plus que des classes responsables ! (*Vifs applaudissements.*)

La démocratie sera ce que nous la ferons, nous sommes tous responsables de nos destinées prochaines.

Si nous flattons la foule, si nous lui disons qu'elle ne peut se tromper, si nous lui faisons croire que tous les biens peuvent être obtenus sans efforts, lui laissant penser que le repos peut aller augmentant sans cesse, et que les profits peuvent aller croissant en même temps, si nous l'entourons d'utopies, si nous ne travaillons pas à faire pénétrer dans son esprit les conditions vraies de l'effort et du sacrifice, si nous faisons tout cela, nous recueillerons des applaudissements, nous n'en doutons pas, mais ce qu'il y a de solide dans le cœur français sera perdu... Il faut que nous parlions avec courage, que nous disions avec énergie ce qui est vrai, que nous ne cessions pas de le répéter, que nous nous fassions les soldats de cette grande cause par les écrits, par les réunions comme celles que vous avez tenues pendant des mois à Lille. Voilà ce qu'il faut faire, voilà où est le devoir ; il ne faut pas parler aux foules comme un candidat cherchant des suffrages, mais comme des hommes désintéressés venant dire à nos frères, à nos concitoyens, à tous ceux qui nous entourent, la vérité ; parler fortement, agir fermement, voilà les conditions de la vie sociale ; il faut multiplier à tout prix les contacts, nous en servir pour améliorer le sort de ceux qui souffrent, leur donner l'idée, sous toutes ses formes, de ce qu'ils peuvent faire. Nous n'avons pas encore le droit d'association, c'est la fleur qui manque à la couronne de la liberté, ce sera la dernière que nous aurons obtenue, mais nous y arriverons et nous parviendrons à doter le pays de cette liberté nécessaire sans laquelle il n'y a pas de société solide. Voyez l'Amérique : tous ceux qui observent les lois de ce pays, ses conditions, son existence, son mécanisme, sa constitution, sa grandeur, disent que si la liberté d'association n'existait pas l'Amérique ne jouirait qu'à titre précaire des droits qu'elle possède.

Il existe, Messieurs, une erreur dont nous avons pu nous rendre compte très souvent, qui consiste à croire que l'État doit se charger, comme une providence laïque, d'assurer à la nation tous les bienfaits. Il faut que les hommes s'en occupent eux-mêmes, qu'ils pourvoient à leurs besoins, il ne faut pas attendre de l'Etat une initiative qui doit être leur privilège et leur force.

Lorsque vous avez étudié spécialement telle ou telle des questions qui nous préoccupent, question de retraites, de mutualité, d'épargne, vous avez été frappés de voir que si l'on veut en demander la solution à l'État, si l'État doit assumer toutes les responsabilités, il n'y aura pas d'impôts qui puissent suffire à alimenter les besoins croissants du budget.

Il n'y a rien de plus décevant que de confier ses intérêts à l'État : c'est aux associations qu'il faut demander de puissants efforts dans un pays libre : c'est par elles que toute satisfaction peut être donnée à l'activité des citoyens. Que tous ceux qui ont besoin d'agir entrent dans ces grandes associations, ils contribueront à alléger, à soulager l'État, ils augmenteront ainsi la force et le crédit de la nation. (*Applaudissements.*)

Vous possédez, Messieurs, la supériorité de l'instruction, répandez-la autour de vous ; vous avez l'organisation, et, comme point d'appui, deux sociétés puissantes, l'une qui a mis ses efforts à faire des conférences pendant des mois, l'autre qui vous donne l'hospitalité ce soir (1). Vous avez le bonheur d'être nés et de vivre dans une des plus grandes villes de France, une de celles où le sentiment de l'initiative est le plus développé, où vous avez fondé un certain nombre d'œuvres qui sont et qui resteront à jamais l'honneur de votre cité ; vous avez bien agi, il faut mieux agir encore en étendant votre champ d'action, en vous efforçant de produire des résultats plus considérables, et en disant à tous les jeunes gens, à tous ceux qui entrent dans la vie, à tous ceux qui sont attristés par la vue de la liberté corrompue, qui pourraient se laisser décourager par la vue de la licence, vous devez leur dire ce que vous avez fait, ce qui vous a permis de surmonter le découragement, et comment il faut entendre dans une démocratie l'activité pour le bien. Vous devez le leur répéter, et leur dire tout ce qui doit se faire dans la vie pour développer ce qui a été l'œuvre de la paix sociale à Lille.

A côté du mot d'*instruction universelle*, il ne faut pas se lasser de prononcer le mot d'*éducation*. Vous pouvez grouper autour de vous, vous l'avez montré depuis trois mois, des auditeurs studieux, des disciples dévoués ; nulle part il n'est plus facile d'user de la liberté et de pratiquer, avec les mœurs actives d'une démocratie saine, cet effort vaillant vers toutes les œuvres qui peut sauver la France, qui est fait de dévouement et qui se résume en un mot : le devoir social. (*Applaudissements prolongés.*)

---

(1) La *Société industrielle de Lille* qui a fait construire un hôtel avec une vaste salle de conférences, a bien voulu le prêter aux Unions.

# LA QUESTION DES CAISSES D'ÉPARGNE

## DEVANT LE PARLEMENT

A la même assemblée générale des Unions du Nord, où M. Georges Picot venait de prononcer l'éloquent discours qu'on a lu ci dessus, M. Eugène Rostand a traité de nouveau la question de la réforme des caisses d'épargne, rendue plus actuelle que jamais par les événements politico-financiers, par la loi de circonstance qu'ils ont provoquée, et par la discussion en seconde lecture devant la Chambre du projet de loi organique sur les caisses d'épargne. Nous reproduisons d'après la sténographie la remarquable conférence de notre si distingué confrère.

Après avoir rendu les hommages qu'ils méritaient à MM. G. Picot, Auguste Béchaux, A. Delaire, Ange Descamps, Thiriez, M. Rostand entre immédiatement en matière :

La question que M. Béchaux m'avait prié d'exposer dans votre grande cité, pour que l'écho s'en répercute dans toute cette intelligente région du Nord, la marche des faits et l'imprévoyance de ceux qui nous dirigent la mettent de plus en plus en relief. Je viens vous en entretenir avec l'avantage de m'adresser à un auditoire non seulement éclairé, attentif, d'esprit libre et ouvert, mais déjà mis au courant par l'excellente conférence de M. Ange Descamps, qui va me permettre de supposer connues de vous bien des choses, de ne pas me répéter pour ceux qui m'ont déjà entendu comme notre illustre président, de renouveler et d'actualiser le sujet. Et je viens vous en parler à un moment qui a de l'importance, car la loi que le mouvement d'opinion avait fini par provoquer quitte la Chambre, va entrer dans une nouvelle zone d'élaboration, au Sénat.

Je sors, simple mais attentif auditeur, de ce deuxième débat du Palais-Bourbon. Je l'ai suivi d'un bout à l'autre ; j'ai connu la troublante anxiété qu'on éprouve quand une idée qu'on croit juste et utile à son pays, pour laquelle on a dépensé sept ans d'efforts, autour de laquelle dans les milieux compétents (M. Picot ne me démentira pas) l'évidence s'est faite, arrive à l'épreuve décisive, — et que là, parmi les indifférences, les partis-pris, les routines sceptiques, les ignorances tranchantes, les sympathies elles-mêmes superficielles ou fugaces et les attentions distraites, des hasards de discussion, des absences, des malentendus de mots, des méprises de fait, des votes par procuration, sauvent ou perdent en deux minutes ce qu'on estime une vérité... (*Vifs applaudissements.*) Ah ! l'impression que j'ai emportée de là, elle est mélancolique, et une phrase la résume : Qu'il est difficile, en France, d'obtenir la moindre réforme !... (*Applaudissements.*)

Oh ! entendons-nous, le mot est partout, et presque partout à contre-sens. Mais dès qu'il s'agit de la réalité, d'une réforme véritable, sérieuse, pratique, appuyée sur l'expérience universelle, appelée, imposée par l'évidence des faits, tout le monde expressément ou tacitement s'y refuse, les résistances se dressent de tous côtés. Et ceux qui veulent l'introduire ont beau souscrire à toutes les concessions, composer avec l'acquis, transiger avec le passé, réduire leurs formules à des minima pour acclimater le vrai peu à peu, — rien n'y fait, l'inertie est la plus forte, elle pèse sur ce pauvre pays, qui se croit le plus avancé de tous et qui en tant de chemins est en retard par rapport à d'autres, révolutionnaire pour les formes, le secondaire et l'inutile, timoré et immobile pour l'utile et l'essentiel ! ( *Vifs applaudissements.*)

Est-ce à dire que la loi des caisses d'épargne — telle qu'elle vient de passer par une des moitiés de notre pouvoir législatif — n'apporte rien au progrès? Non. Je lis cela dans la presse depuis quelques jours, et je me défends de cette conclusion, car elle ne serait ni exacte ni équitable.

Inspirée avant tout par l'effroi du passif qu'a créé à l'État le régime en vigueur, la loi a d'abord mis en jeu pour liquider une bonne partie du présent des procédés divers : les uns légitimes comme la baisse de l'intérêt et la répartition facultative aux déposants des rentes du portefeuille, les autres peu pratiques comme les taux gradués, d'autres faux comme les limitations et les gênes apportées aux versements pour les restreindre.

Même pour la vraie réforme, celle de l'emploi des épargnes, elle a élargi la charte d'emploi de la Caisse des dépôts et consignations, ce qui au cœur même de l'établissement centralisateur et d'État ouvre la brèche dans le système d'adduction exclusive à la Dette d'État; elle a reconnu aux caisses ordinaires le libre emploi réglé des réserves ou fortunes personnelles, en classant avec faveur dans cette réglementation les emplois locaux, notamment en habitations ouvrières, et elle leur a accordé la disponibilité d'un dixième des bonis annuels en œuvres locales de bien social.

Avec cela, d'autres innovations justes : le principe enfin posé que l'État ne doit pas perdre, mais ne doit pas gagner, sur sa gestion des épargnes, et qu'il allouera aux caisses le revenu effectif de ses placements au lieu d'un intérêt arbitraire dont M. Wilson, M. Pelletan, M. Clémenceau rêvaient de faire un bénéfice pour le budget; — la création d'un fonds général de réserve; — l'élévation du maximum spécial aux sociétés de prévoyance; — l'introduction des carnets belges de rentes; — l'inspection fortifiée; — les pénalités contre les contrefaçons des caisses d'épargne; — un don intelligent aux sociétés de secours mutuels sur les comptes abandonnés; — l'organisation d'une représentation compétente des caisses d'épargne dans une commission supérieure.....

Autant de points acquis, même au bénéfice du mouvement réformiste. Ce sont des résultats dont l'importance est réelle.

Il reste à conquérir un point plus important encore, et, à vrai dire, le principal : le libre emploi décentralisé, au moins pour partie, des fonds de dépôts, comme dans le monde entier; le dégagement progressif de l'État par une autre soupape que la Caisse centralisante, par les caisses locales, car la Caisse centralisante maintient la caution de l'État engagée. Ce libre emploi, la commission de la Chambre, avec une circonspection extrême, le proposait facultatif, limité au quart des dépôts (et même à beaucoup moins, par une autre limitation au quadruple des réserves) ; elle le restreignait sévèrement aux caisses autonomes comme est celle de Lille (par un véritable excès de prudence, car à l'étranger les caisses municipales ne sont pas soumises à un régime différent) ; elle le réglementait avec rigueur, quant aux modes et aux proportions des placements. Eh bien ! sur des innovations si redoutables, une coalition de résistances s'est formée, avec des éléments de tous les partis politiques. Et une majorité a reculé, terrifiée, devant la timide ébauche de réforme. Les caisses d'épargne ordinaires resteraient, si la loi était définitive, les guichets de drainage de l'État pour la gigantesque concentration de capitaux qui préoccupe à si juste titre tout le monde, et même cette majorité cramponnée au *statu quo*.

Considérons ce qui vient de se faire comme une étape.

Il faut bien songer, après tout, que pour la première fois, en cet ordre de faits, la solution rationnelle et libérale apparaissait dans le Parlement, comme elle est apparue pour la première fois dans le pays il y a quelques années. Et on ne soulève pas sans de longues luttes une montagne d'idées fausses, d'habitudes commodes, d'erreurs de fait. C'est une campagne à poursuivre, et en vue de la Chambre Haute dont j'espère obstinément quant à moi des vues plus réfléchies, plus libérales, et surtout devant l'opinion, en définitive la maîtresse de l'avenir! (*Applaudissements.*)

Il semblait cependant que des *leçons de choses* récentes auraient dû dessiller tous les yeux.

C'est ainsi qu'au lendemain de la première lecture de la loi, un fait caractéristique mit en saillie nos protestations contre le surmenage factice du crédit public et l'amoindrissement continu des fruits de l'épargne par le faux système des achats indéfinis de rentes. Le 3 % atteignit, dépassa le pair ; de sorte que dans l'emploi des fonds des caisses d'épargne on entrevit l'État achetant, ce qui ne serait point licite à une société, ses propres valeurs au-dessus du pair !

Puis est venue une crise de retraits. Du 1ᵉʳ janvier à hier 20 mars, d'après les documents officiels, ils laissent un excédent de 145,247,794 francs sur les versements. Oh ! je sais bien que l'argument superficiel et égoïste nous est réapparu depuis ces retraits : « Voyez, en cas de crise petite ou grande, comme le système actuel est commode : n'avoir à s'occuper ni à s'inquiéter de rien, envoyer simplement chercher l'argent au Trésor »... Mais tâchons de regarder d'un peu plus haut, et pourtant avec attention.

On veut se persuader que les retraits tiennent à la diminution de l'intérêt alloué par la Caisse des dépôts : c'est une illusion, car le taux de 3 1/4 ou 3 % que nous servons aux déposants est encore supérieur à celui qu'ils trouveraient ailleurs pour des dépôts disponibles, et égal à celui de la rente qui n'a pas pour nos clients l'avantage du remboursement à vue. En réalité le mouvement a eu deux origines : les inquiétudes jetées dans un public impressionnable par l'affaire du Panama, la campagne de presse. Nous avons là-dessus des certitudes, et par les coïncidences de dates, et par les confidences des déposants.

Messieurs, on ne saurait le dire assez haut, et quant à moi je veux le crier pour que tous l'entendent : ces inquiétudes étaient absurdes, cette campagne était erronée et blâmable. Il n'y a pas de valeur plus sûre pour le porteur que cet humble livret de caisse d'épargne, garanti à la fois par une représentation en rentes qui dans le portefeuille collectif dépasse de centaines de millions aux cours actuels les sommes dues, par le fonds de réserve général, par les réserves particulières des caisses, finalement par la caution de la France. On l'a prouvé, on a protesté contre les polémiques de nature à nuire au crédit national ; on a été approuvé en cela par tous les patriotes et tous les hommes de bon sens, on a affiché ces protestations partout, on a promulgué le 3 février 1893 une loi répressive. La loi répressive n'a eu d'influence que sur les journaux, et à ce titre elle pouvait avoir son utilité : elle n'en a pas eu beaucoup sur l'esprit des déposants, puisque les remboursements ont continué.

Quels enseignements il y avait dans tout cela pour les gens sans aucune idée préconçue, qui observent tout uniment les faits et les interrogent avec une sincérité absolue ! Réfléchissez, analysez les deux causes que nous venons de démêler, allez au fond.

La première cause est la pensée un peu enfantine d'une clientèle illettrée ou rudimentairement instruite que son argent se trouve, en des conditions dont elle ne saisit pas bien le mécanisme, manié par ceux qui gouvernent l'État, — et, par suite, dans des cerveaux très simplistes, une appréhension vague que cet argent ne soit plus en parfaite sécurité s'il arrive que des détenteurs de l'autorité publique, des membres du Parlement, des ministres, soient soupçonnés d'agissements financiers incorrects soient poursuivis... Cela est absurde, ridicule, puisqu'à part les 100 millions du compte-courant au Trésor, tous les fonds déposés sont placés en rentes par une institution indépendante, la Caisse des dépôts et consignations. Mais un fait est un fait, et, celui-là, il faut avoir intérêt à se boucher les yeux volontairement pour le nier. Or à quoi tient-il, sinon au régime de l'adduction exclusive des épargnes à une caisse d'État, quoique relativement indépendante, et de l'emploi exclusif par cette caisse ?

Le second motif des retraits a été la campagne menée avec passion par des partis politiques adversaires du gouvernement. A quoi tient-il encore, sinon à ceci que le gouvernement concentre et passe pour gérer les épargnes ? Tenez, pardonnez-moi de lire quelques lignes d'un ouvrage que j'ai publié en 1890 sur la réforme : « Les Français sont divisés en partis ardents et injustes. Et l'État se personnifiant toujours en un gouvernement, les partis qui ne détiennent pas ce gouvernement l'accusent de mal employer les capitaux en échange desquels il émet des rentes, alarmant les déposants, les incitant à retirer leurs fonds. » Cela date de trois ans, et n'a donc pas été écrit pour la circonstance. N'est-ce pourtant point exactement la prévision de ces articles enflammés que nous avons tous lus, dont je ne discute pas la bonne foi (il faut l'admettre chez ceux qui ne pensent pas comme nous), et qui ont si fort alarmé les clients des caisses d'épargne ?

Faites la contre-épreuve. Considérez un pays de libre emploi, l'Allemagne, l'Italie, la Suisse. Est-ce que les partis antigouvernementaux ont là un intérêt quelconque à décrier par les journaux dont ils disposent le crédit de caisses d'épargne locales, autonomes, libres de leurs placements ? Est-ce qu'un scandale dans le monde parlementaire ou gouvernemental, des soupçons ou des poursuites contre des députés, des sénateurs ou des ministres, peuvent avoir là un effet sur le crédit de caisses d'épargne qui ne se rattachent en rien à l'État? Que voulez-vous que fassent une affaire de Panama qui se passerait au Reichstag ou à la cour de Berlin pour les déposants de la caisse d'épargne de Brême, de Leipzig, de Hambourg, ou des concussions dans une Chambre italienne pour les déposants de la caisse d'épargne de Bologne ou d'Udine? Ils n'en seraient que plus rassurés par les placements locaux faits sous leurs yeux par de braves gens en qui même leurs adversaires politiques ont confiance pour leur argent. Tout au plus, si le nom d'un président de caisse d'épargne se trouvait mêlé à des incidents de ce genre, y aurait-il peut-être une répercussion, mais toute locale. Chez nous, c'est une alarme étendue d'un coup aux 544 caisses, à leurs 1,479 annexes (succursales et perceptions), aux 7,000 bureaux de poste de la Caisse Postale.

Il me semble que la démonstration est irréfutable. (*Applaudissements.*) J'ai vivement senti en cette occasion combien, à ce point de vue comme sous les autres aspects de la réforme, nous avions raison, et à quel point sont aveugles ceux qui se refusent à toute amélioration d'un tel système ; nous ne pouvions croire, en commençant cette campagne, que des faits si clairs la justifieraient si vite.

Voilà les leçons que nous donne l'actualité même. Aussi, quand, la loi pénale de circonstance votée, on sentit l'urgence de reporter le débat sur le terrain de la loi organique, le rapporteur, mon éminent ami M. Aynard, dit avec une forte justesse : « *S'il est vrai que la sécurité des déposants est absolue, il n'y en a pas moins des réformes intelligentes et prévoyantes qui s'imposent.* » De cette parole-là, qui met la question exactement au point, j'aurais pu faire l'épigraphe de la conférence de ce soir.

Comment se fait-il donc qu'ayant l'occasion d'aborder la solution organique, la Chambre ait laissé debout le système dont chaque jour révèle de nouveaux vices, la concentration de 3 milliards 1/2 sous cette responsabilité illimitée de l'État qui était cependant son unanime souci? C'est peut-être que personne, même parmi les mieux intentionnés, n'a voulu voir assez nettement que le point central de la solution est la réforme du régime d'emploi. On l'a par instants indiqué, mais en cherchant au mal d'autres remèdes artificiels et vains. Ce n'est pas une solution de second plan ou à différer que la réforme du régime d'emploi, c'est le principal, le nœud de la solution. J'oserai presque dire que c'en est le tout.

Quand on se dit préoccupé de la situation des caisses d'épargne dans notre pays, on fait fausse route si l'on doute de la sécurité des déposants, on soutient une thèse inexacte et périlleuse; c'est au régime d'emploi qu'il faut s'en prendre. La sécurité des déposants, nous venons de le voir avec précision, elle est aussi complète qu'on la peut concevoir, avec ses garanties superposées et finalement la sauvegarde de la foi nationale ; à moins qu'on ne suppose la Dette publique portée à un excès inadmissible, ou la direction de l'État tombant en des mains téméraires et criminelles, ce qui, en ce temps, au milieu d'efforts antisociaux universels, n'est nulle part une hypothèse négligeable. (*Rires et applaudissements.*) Mais cette sécurité, elle existe aussi dans les pays de libre emploi. Ils l'ont obtenue non point par le procédé factice et périlleux, un aval indéfini de l'État, mais par les moyens naturels, par les réglementations sages de lois et de statuts, par l'absence de risques nationaux et la localisation des crises possibles, par l'activité réelle et non verbale des bons citoyens voués à la gestion, par la variété prudente des emplois, par certaines clauses protectrices de préavis, par l'organisation sérieuse du contrôle public, par l'ampleur de réserves extrêmement supérieures aux nôtres... — Au surplus l'histoire l'atteste.

Par contre, qu'a-t-on sacrifié dans notre pays en ne cherchant la sécurité que dans la méthode de la concentration aux mains de l'État? Nous allons le voir.

On a sacrifié d'abord la sécurité de l'État.

La caractéristique du régime est que l'emploi des épargnes en rentes, ou même en d'autres valeurs maintenant, par la Caisse des dépôts ne libère pas l'État: l'État doit restituer non des titres, mais des espèces. De là la responsabilité que vous savez, d'autant

plus lourde que les retraits se multiplient dans les cas justement
où les dépôts se ralentissent.

Le régime *fait naître* les crises par sa nature même, car le public,
qui sait la totalité des épargnes confiées à la puissance publique,
s'alarme au moindre symptôme de trouble ou d'ébranlement. Au
cours de ce débat d'il y a quelques jours, dont il a porté le poids
comme rapporteur de la loi avec tant de vigueur soutenue, M. Aynard citait, d'après un article de M. Millerand dans la *Justice*, ces
paroles d'une conversation du président de la caisse d'épargne de
Milan : « Dans nos commotions politiques, les dépôts tendent plutôt à s'accroître, précisément parce que le public sait que tout
n'est pas confié à la puissance politique. » C'est à moi que le séna-
teur comte Annoni tenait ce langage en 1890, et je l'ai raconté alors
dans un ouvrage intitulé : *Une visite à quelques institutions de prévoyance en Italie.* L'observation est d'une justesse si frappante
qu'elle n'a pas besoin de commentaire.

Le régime *aggrave* les crises, parce que les partis politiques
exploitent, nous en avons vu un exemple, tout incident en ce
domaine contre le gouvernement avec qui ils solidarisent l'État.
Combien de fois n'avez-vous pas entendu des journaux d'opinions
extrêmes et contraires pousser les déposants aux retraits en masse
avec ce thème que l'État gère mal les fonds, qu'il « vide les caisses
d'épargne », qu'il « marche à la banqueroute »? Nous avons tous
lu cela dans la presse de droite intransigeante, surtout en province,
et dans la presse de gauche intransigeante ; et si vous demandiez
son avis à M. Paul Lafargue, le député socialiste de votre ville, il
est infiniment probable qu'il ne répondrait pas autrement.

Le régime *généralise* les crises, par le fait même qu'il embrasse
toutes les caisses d'épargne du territoire, qu'il s'agit d'une gestion
commune à toutes et de l'État; en sorte qu'à la moindre secousse
les versements diminuent et les retraits s'accroissent sur tous les
points du pays à la fois.

Nous avons tout à l'heure observé de près ces diverses actions
du système sur la sécurité de l'État à propos d'un simple accident
sans importance, les retraits actuels. Mais il y a pour la sécurité de
l'État, sous ce régime étatiste, deux cas bien autrement redoutables : celui de révolution, celui de guerre.

Sur le cas de révolution, rien à dire : l'histoire de nos
caisses d'épargne en 1848 et en 1870 suffit. Or, en 1870, elles

détenaient 695 millions ; elles détiennent 3 milliards 1/2 en 1893.

Pour le cas de guerre, je me bornerai à appeler vos méditations sur cette éventualité : l'État français contraint à rembourser 300 ou 400 millions par mois aux caisses d'épargne, même avec le jeu d'atermoiement de la clause de sauvegarde, et à faire simultanément son emprunt de défense ; et cela en face de l'État allemand, les mains libres, maître de porter tous ses moyens d'action, toute son attention, toutes ses ressources sur son effort et ses dépenses militaires, sans avoir à s'occuper de ses milliers de caisses d'épargne dont il n'est ni le débiteur, ni le banquier, ni le gérant à aucun titre, direct ou indirect, qui s'administrent elles-mêmes localement dans une liberté réglée ! (*Mouvement.*) J'ai là des articles spéciaux de *la France militaire*, publiés lors de la première délibération de la loi, du 19 au 21 juin 1892, qui signalaient ce côté capital du sujet et l'étudiaient avec compétence, dans les précisions techniques. Ces détails ne seraient point à leur place ici, et je n'en lirai rien ; je me bornerai à citer les conclusions générales qui en sont déduites :

Dans la discussion sur les caisses d'épargne qui vient d'avoir lieu devant la Chambre, il est un point qui a été laissé de côté, et qui cependant aurait mérité de fixer l'attention de nos législateurs : c'est le rôle que les caisses d'épargne sont appelées à jouer en cas de mobilisation. La prochaine guerre se fera à coups d'hommes et de millions : il faudra des sommes véritablement effrayantes, soit pour achever la mise sur pied des armées, soit pour assurer leur entretien...

La France semble pouvoir disposer en ce cas de ressources en argent disponibles égales aux ressources de ceux contre qui elle serait appelée à lutter. Mais le point critique de la situation, c'est l'existence du formidable portefeuille de 3 milliards 1/2 qui représente les dépôts de l'épargne... Il serait extrêmement important pour l'État d'avoir les mains libres au point de vue financier comme au point de vue politique. La vraie solution du problème consiste à diminuer les engagements de l'État envers l'épargne. Il faut ouvrir à celle-ci des champs nouveaux d'emplois où l'État n'aura plus de responsabilité.

L'Allemagne se trouve, à ce point de vue, dans une situation plus avantageuse. Comme trésor de guerre, les ressources de la Banque de France valent certainement mieux que les 150 millions d'or déposés dans la tour de Spandau... Mais l'Allemagne n'a point la menace du retrait de sommes se chiffrant par des milliards. Ses caisses d'épargne ont un caractère différent de celui qu'elles ont en France : la responsabilité de l'État n'y est engagée que dans une mesure insignifiante. De sorte que toutes les ressources disponibles peuvent être consacrées à la guerre sans qu'il soit nécessaire de parer aux réclamations de déposants. Il faudrait en arriver à une situation analogue, du moins progressivement, rendre à l'épargne sa liberté, mettre le Trésor à l'abri de l'écrasante responsabilité qui lui incombe. Et dans cette épargne ainsi dégagée de l'intervention de l'État, on trouverait un meilleur concours au moment où il faudrait compléter les ressources de la Banque par un emprunt de défense nationale d'un milliard.....

A quelque point de vue que nous nous placions, l'organisation actuelle est grosse d'inconvénients pour la défense du pays. La Chambre ne semble pas avoir attaché une importance suffisante à ce côté de la question.

Ah! Messieurs, dans la question c'est un aspect singulièrement grave, qui au fond de mes secrètes réflexions l'a toujours dominée, dont je préférai longtemps ne point parler, car j'en ressens une poignante angoisse, mais qu'enfin le patriotisme sérieux commande de mettre en lumière puisque saisie une seconde fois la Chambre ne semble pas l'avoir discerné encore, et qu'il est à peine temps, avant que la loi soit définitive, d'y appeler les méditations du Sénat! (*Longs applaudissements.*)

Voilà Messieurs, le mal fait par le régime d'État à l'État, et peut-être à la patrie.

En réduisant le rôle des caisses d'épargne à une gigantesque concentration des petits capitaux, on a sacrifié autre chose : la vie économique régionale et locale. Je l'ai établi ailleurs par une surabondance de faits (1). Pour vous le rendre sensible sous une forme aussi condensée et aussi actualisée que possible, je veux me borner : d'une part, à vous indiquer ce que le système ôte à ce grand département; d'autre part, à vous lire un seul document étranger, postérieur à ceux dont j'ai publié des analyses, et très récent.

Pour prendre les derniers chiffres officiels, qui remontent au 1er janvier 1892, les 27 caisses d'épargne ordinaires du Nord devaient à leurs déposants à cette date 123,417,045 francs et la caisse postale dans le département devait aux siens 13,955,084 francs, soit ensemble 137,372,129 francs. Les seules caisses ordinaires de Lille et de Tourcoing détenaient la première plus de 19 millions, la seconde 11 1/2. Qu'est devenue cette masse de capitaux? Où sont allés ces 137 millions de francs? A Paris, rue de Lille, où une institution d'État, par des achats quotidiens à la Bourse de Paris, à des cours forcément surélevés, les a placés jusqu'au dernier centime en titres des emprunts dont s'alimentent les budgets d'État. Cela revient à dire que ces 137 millions, constitués sou à sou par la patiente économie du peuple laborieux de cette région industrielle et agricole, ont été soustraits à toutes les modalités de production et d'utilisation sur place qui auraient pu bénéficier à ce peuple, et jetés sans profit pour lui dans un centre pléthorique! (*Vifs applaudissements.*)

(1) Voir *la Réf. soc.*, du 16 janvier 1892 : *La réforme des caisses d'épargne, son influence sur la vie régionale*, p. 93-116.

En face de ce détournement d'un fleuve fécondateur, en face de cette circulation économique régionale paralysée, placez, je vous prie, ce qui se passe à l'étranger. Je ne prends pas mon exemple en Italie, pour qu'on ne m'objecte plus cette sottise accréditée chez nous que la liberté des caisses d'épargne est propre à ce pays, ni l'argument de la crise actuelle : les caisses italiennes, grandes ou petites, ont rendu et rendent d'immenses services, et c'est un phénomène remarquable que la crise actuelle ne les ait pas ébranlées ; mais le libre emploi n'est nullement un régime italien, c'est un régime quasi-universel. Je ne prendrai pas davantage mon exemple en Allemagne : vous savez si le crédit populaire, urbain ou rural, y a puissamment prospéré pendant que les Français en sont encore à se demander s'il est possible qu'un crédit populaire ou un crédit agricole existe, et M. Raiffeisen, le fils de l'émule de Schulze-Delitzsch,|du promoteur des caisses rurales allemandes (il y en a 1,000), nous confirmait l'an passé à Lyon, comme nous l'avaient confirmé pour l'Italie M. Luzzatti et M. Wollemborg, que l'Allemagne n'aurait jamais eu de crédit coopératif sans le libre emploi des caisses d'épargne ; mais tout cela est connu. Je préfère m'en aller chez un autre peuple, l'Autriche, parce qu'on n'en parle jamais en cette matière. Le libre emploi y fleurit depuis 70 ans. Je me contenterai de vous lire quelques lignes du document le plus récent que je connaisse, le décret-loi qui a formulé en 1892 un statut-type pour les caisses d'épargne autrichiennes ; il s'agit des modes d'emploi des fonds au delà des disponibilités courantes.

Les emplois peuvent se faire :

1° En prêts hypothécaires (sous une série de conditions prudentes déterminées) ;

2° En avances sur nantissement de titres de rentes, de titres d'emprunts des royaumes, provinces, arrondissements, communes, de titres garantis par une province ou un royaume, d'obligations émises par les sociétés d'irrigation d'après la loi du 30 juin 1884, d'obligations cotées aux grandes Bourses et émises avec approbation gouvernementale, d'actions de la Banque austro-hongroise et d'autres actions ou priorités d'entreprises pour lesquelles l'Empire ou les provinces garantissent un intérêt de 4 % et l'amortissement, d'actions et d'obligations-priorités des compagnies de chemins de fer ayant distribué 4 % depuis cinq ans, en général de toutes valeurs pupillaires ou admises par la loi ou décret pour cet emploi ;

3° En achats de toutes les valeurs admises à avances par la disposition ci-dessus ;

4° En avances sur dépôts de monnaies d'or ou d'argent ;

5° En escompte des livrets, en escompte et réescompte de lettres de change à trois bonnes signatures et à six mois au plus ;

6° En prêts à l'État, aux provinces, aux districts, aux communes, sous autorisation légale, aux établissements publics, aux corporations avec remboursement échelonné et paiement anticipé des intérêts ;

7° En prêts aux Monts-de-Piété, éventuellement à la société de crédit que fonderait la caisse d'épargne avec approbation gouvernementate des statuts ;

8° En dépôts dans les caisses d'épargne de majeure importance ;

9° En prêts aux associations professionnelles et agricoles fondées selon la loi du 7 août 1873, spécialement aux sociétés de crédit qui jouissent des faveurs pour timbre de la loi du 1er juin 1889 ;

10° En acquisition d'immeubles (dans certains cas) ;

11° En dotation d'une caisse de crédit personnel aux petits propriétaires ou petits industriels, sous condition d'approbations gouvernementales ;

12° En participation aux opérations (chèques et clearings) des caisses d'épargne postales ;

Et finalement pour les fonds disponibles qui n'auraient pu trouver emploi dans les modes de placement susvisés :

13° En compte-courants ou bons de caisse des banques et institutions de crédit avec autorisation gouvernementale.

Comparez maintenant des caisses d'épargne jouant dans cette liberté réglée et celles de votre région du Nord asservies à la Dette d'État. Dites lesquelles servent l'activité économique régionale, puisque c'est de cela que je m'occupe en ce moment. Dites si les nôtres ne sont pas stériles pour cette activité.

Et remarquez qu'il en est de même partout.—On a parlé del'Angleterre. Mais d'abord, les caisses d'épargne privées y jouissent d'un certain libre emploi ; ce qu'on a présenté naguère comme un abandon de ce libre emploi est seulement l'installation d'un contrôle, que nous sommes les premiers à réclamer. Et puis, si l'emploi en rentes est non exclusif, mais prédominant, dans la vieille Angleterre où tout n'est pas à imiter et qui n'a eu garde d'en faire autant pour ses colonies, je dirai à ceux qui défigurent cet exemple : donnez-nous les finances anglaises, avec l'immunité des révolutions, avec l'immense amortissement automatique et la fermeture du grand-livre, avec des achats pour les caisses d'épargne contribuant à activer la réduction de la Dette au lieu de contribuer à l'alourdir sans fin, et nous verrons ! — Quant aux autres peuples, le libre emploi est partout : dans cette Autriche où nous venons de l'observer, et plus encore en Hongrie, comme en Italie et dans toute l'Allemagne, aux États-Unis, chez vos voisins les Belges qui ayant une caisse générale à garantie d'État l'ont placée sous le régime du libre emploi le plus étendu et lui demandent de plus en plus de compenser les bienfaits du placement local, en Norvège, en Suède, en Suisse où il n'existe même pas de législation spéciale pour les caisses d'épargne...

Nous seuls avons érigé en dogme sacré ce que j'appelle le *système-*

*éponge*, où, si vous aimez mieux une autre image, que j'emprunte parce qu'elle m'a paru juste à un grand journal de ces jours derniers, un vaste réseau de tubes pneumatiques, rayonnant à travers tout le territoire, et par cet organisme, l'État attirant au centre toutes les épargnes du pays, c'est-à-dire faisant partout le vide! (*Applaudissements.*)

Avais-je le droit de porter au compte de ce que coûte ce système un second sacrifice, celui de la vie économique locale?

J'en inscris un autre. Il sacrifie l'esprit d'initiative privée, d'action locale, de liberté, de responsabilité : dans le peuple, en l'accoutumant à ne rien tirer de son épargne, à n'avoir foi qu'en l'État banquier universel, à ne rien oser ni entreprendre pour améliorer luimême sa condition ; dans les classes éclairées, aisées, responsables selon le mot heureux que rappelait M. Picot, en leur faisant concevoir l'administration des caisses d'épargne, ailleurs si féconde, comme un pur encaissement par l'État... Je lisais naguère la série des derniers comptes-rendus de nos caisses. Ils révèlent bien cette conception ; en face d'un projet de loi capital, qui touchait au fond de l'institution, la grande majorité n'émettait pas d'avis, ne disait *oui* ni *non*, ne se souciait que du taux d'intérêt et des détails. M. Piou, l'acharné et inexplicable ennemi de la réforme, a cité devant la Chambre une note de 120 caisses qui la repoussaient : j'ai vu ce document, qui protestait contre la liberté facultative, c'est-à-dire après tout contre la liberté des autres ; j'ai même remarqué parmi les signatures celle d'un libéral légendaire, M. Chion-Ducollet... (*Vive hilarité et applaudissements.*)

En leur vrai rôle, et non celui que nous leur avons fait, les caisses d'épargne sont ce que les caractérisait d'un mot dans une lettre qu'il m'écrivait l'un des hommes qui en Allemagne ont le plus approfondi la question, M. Roscher : «avec l'indépendance, au prix de laquelle vous avez obtenu en France des commodités, les caisses d'épargne sont, chez nous et ailleurs, *une des meilleures et des plus pratiques écoles de responsabilité personnelle.* »

Et elles sont aussi des écoles de rapprochement des classes. créant les contacts, habituant au dévouement ceux qui ont le loisir, le capital déjà formé, le savoir, apprenant aux autres, qui ont besoin de *negotiorum gestores*, cette chose pourtant nécessaire, qui s'en va de l'âme de notre peuple ouvrier, la confiance. (*Applaudissements.*)

Ah! je me demande parfois, devant tout ce dont nous sommes témoins, devant les abus de ce que M. Picot appelait tout à l'heure avec force la *liberté corrompue*, un mot que vous méditerez, je me demande si les humbles, rendus sceptiques par tant de fautes, ne mêlent pas dans un doute funeste tout ce qui est au-dessus d'eux, s'ils ne confondent pas ce qui est mauvais et ce qui est sain : plus que jamais il est urgent de leur montrer les sincères, les dévoués, les désintéressés, de les leur montrer où ils sont, sur place, autour d'eux ! (*Longs applaudissements.*)

Le régime sacrifie encore les institutions d'épargne elles-mêmes : il leur fait d'abord une existence médiocre et dépendante, puis il finit par les menacer dans leur existence, par les appauvrir, par tendre à les restreindre le plus possible. C'est une conséquence bizarre du système de concentration. Arrêtons-nous-y un instant, car elle éclaire le reste.

A la Chambre, tout le monde semblait d'accord sur un point : l'énormité du total des dépôts, l'inquiétude des 3 milliards 800 millions. Tout le monde répétait : « Il y a trop d'argent dans les caisses d'épargne, il faut réduire le stock ! » Cette idée avait gagné les meilleurs esprits, au moins à titre de mesure immédiate, et sauf à modifier plus tard le système. De là l'abaissement du maximum de dépôt, les limitations mises aux versements par quinzaine et par année. Et il ne servait de rien d'objecter à ces mesures leur caractère de vaines entraves, car on répondait : « Tant mieux si les déposants vexés s'en vont, tant mieux s'ils s'éloignent, c'est notre but. » De là aussi cette thèse très répandue en ce moment qu'il faut non pas regretter les retraits qui se produisent depuis le 1er janvier, mais s'en applaudir, car c'est autant d'ôté au stock effrayant.

*A priori*, avouez-le, il est bien étrange, c'est une notion troublante, de considérer l'augmentation des dépôts dans les caisses d'épargne comme un mal. Est-ce que hors de France on la considère ainsi? C'est tout le contraire. Toutes les nations s'alarment dès que les dépôts diminuent, se félicitent et se réjouissent dès qu'ils montent. Et est-ce que nous serions dans le vrai en croyant nos 3 milliards 1/2 une exception magnifique et terrifiante dans l'univers? Est-ce que la France est la seule à détenir un stock d'épargnes de cette importance dans ses caisses d'épargne? Point du tout. Pour ne vous citer que deux exemples, voici, je ne dirai pas l'Allemagne, mais le seul royaume de Prusse : 4 milliards 300 millions. Qu'est-ce de l'Allemagne tout entière? Voici les États-Unis : 8 milliards 1/2. Ah ! ils pourraient adopter le régime des rentes avec moins d'inconvénients que nous, eux qui ont réduit leur dette de 15 milliards en 25 ans; mais ils s'en gardent bien.

Pourquoi donc ces peuples-là constatent-ils avec satisfaction le mouvement ascensionnel des dépôts, tandis que nous constatons le nôtre avec épouvante? Pourquoi supputent-ils fièrement les milliards confiés à leurs caisses d'épargne, tandis que nous tremblons devant les nôtres, et que nous en venons à désirer les retraits, à pousser aux retraits, à nous en féliciter? Réfléchissez-y : simplement parce que chez nous *l'unique débiteur ou l'unique garant responsable est l'État,* tandis que chez eux l'État n'a rien à faire que du contrôle avec les caisses d'épargne ; le libre emploi, puissant outil de décentralisation économique, a disséminé les milliards dans mille placements divers de nature à servir la production locale ou le mieux-être de ceux qui ont constitué l'épargne, en alimentant par mille canaux bien autre chose que le passif de l'État.

Toute l'explication est là. Il n'y a pas autre chose dans notre choquant et irrationnel effroi de la montée des dépôts, dans notre préoccupation présente de les repousser, de les décourager, de les amoindrir, que le sentiment inavoué de l'immense erreur qui en fait peser la responsabilité intégrale sur l'État.

Quand on a nettement aperçu cela, tout s'éclaire dans cette question si complexe et si vaste. On aperçoit du même coup : *a*) que les remèdes superficiels ne touchent pas au vrai mal, mais *à côté; b*) que ce mal gît dans le vice du régime d'emploi; *c*) que dès lors tout ce qui tendra à atténuer au moins ce vice sera bon, et que tout ce qui le laissera subsister sera sans portée.

Voilà pourquoi non seulement les clauses de la loi qui tendent à diminuer les dépôts, mais même celle qui élargit les emplois de la caisse d'État, ne sont point la vraie réforme, puisqu'elles laissent subsister la responsabilité-argent sans limite de l'État. La vérité est que la formule exacte pour réformer la situation qui préoccupe tout le monde serait non pas *réduction des dépôts dans les caisses d'épargne,* mais *réduction de la responsabilité de l'État vis-à-vis des caisses d'épargne. (Vifs applaudissements.)*

Et quand on me dit, comme nos amis eux-mêmes dans la Chambre : « Laissez-nous liquider l'état présent, puis nous cons-

truirons la caisse autonome et décentralisée à libre emploi, » je
réponds : quand le ferez-vous? Même si vous liquidez, si avec de
petites entraves vous arrivez à autre chose qu'à enrayer l'augmentation naturelle incessante, sera-t-il facile de demander à la
Chambre nouvelle un remaniement de la législation d'hier? Et êtes-
vous certain qu'entre temps vous n'aurez pas trop affaibli les institutions, que vous allez anémier au lieu de les raffermir dans une
vie plus saine? Liquider à demi pour rénover plus tard, c'est aisé
sur le papier, théoriquement; dans la réalité, on ne le peut sans
faire courir un péril, et peut-être pour rien, à l'institution. En
pareille matière, le suspens n'est pas possible : il ne faut mettre en
jeu que des moyens propres à dégager progressivement l'État sans
décourager l'épargne et sans compromettre les institutions. Et
puis, savez-vous si les législateurs de demain ne seront pas plus
étatistes encore ?...

Enfin le régime de concentration des épargnes sacrifie le progrès social pratique. Cet aspect si attachant de la question, je l'ai
examiné hier à Tourcoing. Le temps me manque pour le développer ici, où je considère l'ensemble. Je l'indique en quelques mots :
Dans tous les pays à libre emploi, les caisses d'épargne, institutions de bien public, gérées par un personnel de bons citoyens
actifs et écoutés, assurées du temps, ayant pu se former de fortes
réserves, sont devenues des foyers constamment élaborateurs de
progrès sociaux. Pourquoi? Parce qu'après avoir recueilli l'épargne
et lui avoir procuré une garde désintéressée, elles s'estiment tenues,
soit dans la gestion, soit sur les profits qu'elles en perçoivent, de
coopérer sous des formes toujours plus perfectionnées à l'avance-
ment du bien-être matériel et moral du peuple créateur de cette
épargne. Nos caisses, au contraire, simples agences de concentration des épargnes aux mains de l'État, déclarent leur mission ter-
minée à ce point. Et aussi n'avons-nous en France ni coopération
puissante, ni développement d'habitations à bon marché, ni crédit
populaire, ni crédit agricole, ni toutes ces œuvres locales de prévoyance que suscitent ou que soutiennent autour d'elles les caisses
d'épargne étrangères. J'en ai tracé hier une esquisse, j'ai indiqué
ce que nous avons essayé à Marseille au moyen d'autorisations
d'exception. Je n'y reviens pas, car votre attention doit se lasser(1).

(1) V. *la Réf. soc.* du 16 juillet 1891 : *L'influence de la réforme des caisses*

Sécurité de l'État et de la patrie,

Vie économique locale,

Esprit d'initiative et d'action dans les couches populaires comme dans les couches plus aisées,

Avenir des institutions d'épargne elles-mêmes,

Progrès économiques et sociaux,

Voyez tout ce qu'on a sacrifié dans notre pays, non pas même à la sécurité des déposants, que les autres ont aussi, mais à cette idée fixe et fausse que la sécurité des déposants ne peut être obtenue en dehors de la concentration Étatiste des épargnes. Ce sont, avouez-le, des sacrifices redoutables. Et si nous les totalisons, si nous faisons la balance, ne nous trouverons-nous pas en perte, et avoir, en fin de compte, sacrifié les intérêts mêmes des déposants?

A ce tableau j'aurais voulu opposer celui d'une grande caisse d'épargne à libre emploi décentralisé, celle de Brême par exemple; vous décrire le régime, le rôle, les modes d'activité d'une institution de ce genre. J'avais même songé un instant à en faire l'objet exclusif de cet entretien, laissant les faits dégager des enseignements indirects. Nous aurions étudié ensemble la caisse d'épargne de Brême, son organisation pleinement autonome (à la différence des municipales que là-bas les communes garantissent ou ont garanties au début), ses statuts qui datent de 1825, sa réglementation pour l'emploi des dépôts, ses résultats d'après les derniers comptes rendus, ses participations latérales aux œuvres locales de bien populaire. Vous auriez parcouru le cercle des services qu'elle rend sans que l'État y engage sa responsabilité pour un centime. Vous auriez senti à quel point les péripéties politiques, les passions de partis, des incidents comme ceux qui troublent en ce moment notre clientèle, lui sont étrangers. Vous auriez vu que, vivant de liberté, elle ne le cède en rien aux nôtres quant à la sécurité des déposants ou plutôt leur est supérieure même à ce point de vue, puisqu'elle la leur procure depuis 68 ans, et n'a connu ni les spoliations de 1848 ni les suspensions de 1870. Et, par contre, quelle prospérité, quelle solidité lui a données cette fière condition! Dans une ville de 125,000 ou 130,000 habitants, elle a plus de 75 millions de dépôts,

_d'épargne quant à leur rôle comme centres d'initiatives et d'action locale. —_
_V. aussi le volume récemment publié par M. Rostand :_ L'action sociale par
l'initiative privée, _Paris, Guillaumin._

exactement 75,910,196 francs au 1ᵉʳ janvier 1893 (j'ai demandé le chiffre et je viens de le recevoir par ce télégramme), alors que la caisse de Marseille n'en a pas autant pour 400,000 âmes, alors que celle de Lille n'a pas 20 millions. Elle est assise sur une réserve de plus de 4 millions quand Marseille n'en a pas 2 et Lille à 1,200,000 francs. Et enfin posez-vous l'interrogation si grave : en cas de guerre, quelles caisses d'épargne préoccuperaient et gêneraient un État, celles comme Brême et Hambourg, ou celles comme Lille et Marseille ?

Messieurs, il s'agit de savoir si nous allons nous orienter enfin de ce côté, sortir de ce qui a pu avoir historiquement son explication. mais qui est apparu, à mesure que s'accroissaient les dépôts, une dangereuse erreur économique, rentrer dans le sain et le vrai.

Puisque la Chambre a à peine entrevu où gît vraiment le vice de la situation et qu'elle n'a pas eu l'énergie d'en entreprendre la guérison, tournons-nous vers le Sénat. Il s'est montré parfois plus libéral que la Chambre : voici une occasion considérable. Devant ce vaste problème qui enveloppe des intérêts si divers, il a un beau rôle à prendre. Il y a des parties justes dans la loi, et je vous les ai montrées : qu'il les sanctionne, et qu'il élargisse le reste, avec cette hardiesse qui en certains cas est la meilleure prudence. Aux faiseurs d'objections cent fois réfutées ou secondaires qui ont effrayé la Chambre, qu'il réponde : « Que pèsent vos petits arguments auprès d'une réforme où sont engagées tant de choses, la sécurité de l'État, l'action locale, les rapprochements et la confiance mutuelle des éléments sociaux, la décentralisation économique, l'extension saine de l'épargne, mille progrès pratiques? »

Mais si nous en appelons au Sénat, nous faisons surtout appel à l'esprit public, au pays, sans lequel aucune réforme légale ne peut ni s'accomplir, ni si elle s'accomplit durer puisque sans les mœurs les lois sont stériles.

J'ose ici élargir la question, et l'élever. Elle est plus haute encore que je ne vous l'ai exposée. Car elle touche au point de savoir si nous voulons nous arrêter sur la pente qui nous mène au socialisme d'État. C'est un gigantesque spécimen de socialisme d'État que notre régime des caisses d'épargne, qui a faussé la direction des épargnes populaires. Et il semble que nous soyons en train de nous prouver notre méprise au moyen de ce qu'on appelle la démonstration par l'absurde.

Au moment où ce pays commence à s'inquiéter avec raison des immenses capitaux accumulés par les caisses d'épargne dans une caisse d'État, il s'ingénie à créer d'autres caisses d'État et à y amener d'autres capitaux de toutes parts. Nous avions déjà la Caisse d'épargne postale qui s'enfle chaque année, la Caisse des consignations, la Caisse des retraites pour la vieillesse dont les mutualités sont tributaires, la Caisse des assurances en cas de décès, la Caisse des assurances en cas d'accidents, que sais-je? Voilà qu'on prépare une législation des accidents du travail basée sur la ruine de l'assurance libre et l'agrandissement démesuré de la Caisse d'État. L'assurance contre la maladie, n'en doutez point, sera organisée à son heure dans le même esprit. Voici qu'on bâtit une Caisse d'État pour les fonds de prévoyance, où les caisses patronales viendront se déverser, où sera obligatoire le dépôt non seulement des sommes prélevées sur la main-d'œuvre, mais des sommes fournies par les industriels. Voici qu'une loi, qui intéresse fort votre province, sur les caisses de retraite et de secours des ouvriers mineurs, centralise à la Caisse d'État 4 % des salaires dont une part à la charge des entreprises et une part retenue sur les salaires. Voici que s'édifie la Caisse d'Etat pour les retraites, où M. Constans proposa de capitaliser tant de milliards qu'il n'avait pu arriver à se mettre d'accord sur leur total avec les actuaires. Chaque jour c'est quelque adduction nouvelle dans les coffres de l'idole. Il n'est pas jusqu'aux dépôts des notaires, un milliard encore s'il vous plaît, qu'une proposition parlementaire n'ait voulu confier à l'État....

« Prenons garde aux accroissements de l'État, » disait ce vigoureux penseur qui vient de mourir, Taine, « ne souffrons pas qu'il soit autre chose que ce qu'il doit être. » — Et moi, je dis : employeur universel de nos capitaux, il ne doit pas l'être. (*Applaudissements.*)

Aussi remarquez-vous que ce peuple s'habitue à ne croire bon, solide que le placement sur l'État? Depuis deux jours, en parcourant cette région où dans toutes les zones sociales règnent l'activité, la passion du labeur, la hardiesse vaillante, j'ai recueilli d'intéressants témoignages sur le mal que nous feraient au regard des concurrents étrangers l'affaiblissement de l'esprit d'entreprise, la peur de tout risque, l'inertie de l'argent, le fétichisme de la rente. En fait de caisses d'épargne, alors que celles des autres pays se préoccupent toujours de ne pas exagérer le placement en rentes (je voudrais avoir le temps de vous fournir des preuves), nous en sommes venus à raisonner comme s'il n'y avait que ce placement-là de sûr !

Et marchant à reculons, nous faisons cela juste à l'heure où l'évolution mystérieuse des choses, rendant la rente de moins en moins productive, tend à réduire peu à peu les oisifs. A ce moment nous poussons le peuple par tous les côtés vers cet idéal : devenir rentiers, — vers cette croyance que la rente seule mérite de servir d'emploi à l'épargne. Par toutes les voix nous lui conseillons de dire à l'État : rien n'étant sûr hors votre papier, garantissez-nous, cautionnez l'épargne contre l'aléa de l'effort. C'est le rebours du progrès, et il n'est que temps de réagir. Il faut que ce pays se ressaisisse et se virilise, en matière d'épargne comme en tout.

Voilà comment m'apparaît la réforme que je suis venu essayer de vous exposer. Voilà pourquoi, dans cette contrée où les chefs d'industrie clairvoyants et les ouvriers énergiques sont légion, je voudrais voir notre programme d'émancipation acclamé, adopté, tenacement proposé par votre presse que je salue et que je remercie ici, car tous les journaux du Nord, je crois, sont rapprochés autour de cette cause, et je rêverais que votre grande caisse d'épargne autonome de Lille jetât un cri de ralliement qui entraînerait des institutions hésitantes.

Les utopies, les conceptions qu'aucune expérience n'appuye, parlent haut en ce temps. Les rêves d'antagonisme stérile ou de bouleversements ineptes sont prodigués à la foule, et l'entraînent parfois, vous le savez ici et à Roubaix comme nous le savons à Marseille. C'est notre devoir de repousser tout cela, de le combattre avec courage. Mais si ce n'est là que la parodie ou le mensonge des réformes, il y a en ce pays des réformes nécessaires, que la raison comme l'expérience commandent, et devant lesquelles il ne faut pas trembler comme de vieux enfants. Ces réformes-là, opposons-les aux fausses. Il n'en est pas de plus urgente que celle qui restituera à l'activité locale, dans des institutions de solidarité sincère et désintéressée, l'immense épargne du peuple, et la reprendra peu à peu à ce stérilisateur insatiable qui, sous toutes les formes politiques, s'appelle l'État ! (*Applaudissements prolongés et répétés.*)

PARIS. — IMPRIMERIE F. LEVÉ, RUE CASSETTE, 17.

# ÉCOLE DE LA PAIX SOCIALE

I<sup>re</sup> Section. **Œuvres de Le Play**, éditées à Tours par MM. A. MAME et fils

Les Ouvriers européens. 6 vol. in-8° (vendus séparément)............ 39 fr.
La Réforme sociale en France. 3 vol. in-18...................... 5 fr.
L'organisation du travail. 5° édition. 1 vol. in-18................... 2 fr.
L'organisation de la famille. 1 vol. in-18......................... 2 fr.
La Paix sociale après les désastres de 1871. 1 brochure in-18........ 0 fr. 60
La Correspondance sociale. 9 brochures in-18...................... 2 fr.
La Constitution de l'Angleterre. 2 vol. in-18..................... 4 fr.
La Réforme en Europe et le salut en France. 1 vol in-18............. 1 fr. 50
La Constitution essentielle de l'humanité. 1 vol. in-18............. 2 fr.
La Question sociale au XIX° siècle. 1 brochure in-18................ 0 fr. 30
L'École de la paix sociale. 1 brochure in-18...................... 0 fr. 20

II° Section. **Publications de la Société d'Économie sociale**
Les ouvriers des deux mondes. 1<sup>re</sup> série, 5 vol. in-18............... 65 fr.
    2° série ; ch. tome 15 fr., t .III, en cours ; chaque monographie. 2 fr.
Instruction sur la méthode des monographies. Nouv. édit. 1 vol. in-8°.. 2 fr.
Bulletin des séances de la Société d'Économie sociale. 1<sup>re</sup> série 9 vol. in-8° 68 fr.
La Réforme sociale. 1<sup>re</sup> série (1881 1885), 10 vol. in 8°............. 70 fr.
    2° série (1886-1890), ch. vol. 5 fr. — 3° série, chaq. vol....... 6 fr. 50
Annuaires des Unions et de l'Economie sociale, 5 vol................ 15 fr.
Exp. de 1867. Rapport sur les ateliers qui conservent la paix sociale. in-8°. 1 fr.
La Réforme sociale et le centenaire de la Révolution. Travaux du Congrès
    de 1889, avec une lettre-préface de M. Taine, et une introduction sur
    les principes de 1789, l'ancien régime et la Révolution. In-8° (en petit
    nombre)...................................................... 10 fr.
Les Unions de la paix sociale leur programme d'action et leur méthode
d'enquête, par A. Delaire secrétaire général des Unions. 4° édit. br. in-32 0 fr. 15

## BIBLIOTHÈQUE ANNEXÉE

F. Le Play. Choix de ses œuvres avec une biographie par M. Auburtin et un portrait
    1 vol. in-16, cart. LXXIV - 251 pages............................... 1 fr. 75
E. Cheysson et E. Toqué. Les budgets comparés des cent monographies de familles
    publiées dans *les Ouvriers européens* et *les Ouvriers des deux mondes*, in-4°... 5 fr.
ules Michel. Leçons élémentaires d'économie politique et sociale, 1 vol. in-12. 1 fr. 50
Ch. de Ribbe. Les Familles et la Société en France avant la Révolution, d'après des do-
    cuments originaux. 4° édition, 2 vol. in-12. 4 fr. — La Vie domestique, ses modèles
et ses règles. 2 vol. in-12. 6 fr. — Une famille au XVI° siècle. 1 vol. in-12. 2 fr. — Le
Livre de Famille. 1 vol. in-12. 2 fr. — Le Play d'après sa correspondance. 1 vol. in-18
    Pour les membres, 1 fr. 60 ; pour le public ...................... 3 fr. 50
Claudio Jannet. Les États-Unis contemporains, avec une lettre de M. F. Le Play :
4° édit., 2 vol. in-12. 8 fr. — Le Code civil et les réformes indispensables à la liberté
    des familles. 1 br. in-18. 0 fr. 30. — Le socialisme d'Etat et la réforme sociale, 2° édit.
    1 vol. in-8°................................................... 7 fr. 50
Comte de Butenval. Les lois de successions appréciées dans leurs effets économiques
    par les Chambres de commerce de France. 4° édit. 1 vol. in-18........ 0 fr. 60
Ferrand. Les Institutions administratives en France et à l'étranger. 1 vol. 6 fr. — Les
    Pays libres (ouvrage couronné par l'Institut). 1 vol. in-18........... 3 fr. 50
Léon Lefébure. Le Devoir social. 1 vol in-12...................... 3 fr.
A. de Moreau. Le Testament selon la pratique des familles stables. in-18 3 fr.
G. Picot, de l'Institut. Un Devoir social et les logements ouvriers. 1 vol. in-18. 1 fr.
A. Méplain. Dialogue sur le métayage, 2 édit. 1 vol. in-12........... 2 fr.
A. Gibon. Les Accidents du travail et l'industrie, in-4°.............. 3 fr.
Comte de Bousies. Les lois successorales dans la société contemporaine. 1 vol.
    in-8°........................................................ 2 50
P. du Maroussem. La Question ouvrière : 1, les Charpentiers de Paris, avec une préface
    de M. Funck-Brentano, in-8...................................... 6 fr

FONDÉE EN 1856 PAR F. LE PLAY ET RECONNUE D'UTILITÉ PUBLIQUE EN 1869.

*Prix Audéoud (Acad. des Sc. mor. et pol.) Grand Prix (Exp. univ., 1889).*

54, RUE DE SEINE. — PARIS.

# LA RÉFORME SOCIALE

## REVUE BI-MENSUELLE FONDÉE EN 1881

Avec la collaboration de MM. ALB. LE PLAY — E. CHEYSSON — J. MICHEL — CL. JANNET — A. DELAIRE — J. LACOINTA — ANT. D'ABBADIE — P. ALLARD — F. AUBURTIN — A. BABEAU — H. BAUDRILLART — H. BEAUNE — A. BÉCHAUX — J. CAZAJEUX — A. FOUGEROUSSE — FUNCK-BRENTANO — HUBERT-VALLEROUX — J. DE GARIDEL — A. GIBON — A. GIGOT — U. GUÉRIN — L. GRANDEAU — R. LAVOLLÉE — L. LEFÉBURE — E. LEVASSEUR — G. PICOT — CH. DE RIBBE — A. RONDELET — E. ROSTAND — A SILVY — R. STOURM — V. BOGISIC — VICTOR BRANTS — Dʳ KAEMPFE — PROF. NAGY DE FELSO-EOR — SANTANGELO SPOTO — ETC., ETC.

*La Réforme sociale* étudie les problèmes économiques et sociaux qui prennent aujourd'hui le premier rang dans les préoccupations de l'opinion publique. Elle en demande la solution à l'observation des faits, selon la méthode de F. Le Play, en dehors de tout esprit de parti et de toute théorie préconçue. Grâce à la sympathie grandissante que lui a témoignée le public éclairé, elle vient, en commençant sa 3ᵉ série, de prendre des développements considérables.

*La Réforme sociale* paraît le 1ᵉʳ et le 16 de chaque mois par fascicules in-8ᵒ de 80 pages, et forme par an deux forts volumes de 900 à 1000 pages chacun, complétés par des tables analytiques.

Une bibliographie méthodique analyse, au point de vue social, tous les recueils périodiques importants de la France et de l'étranger, ainsi que les publications nouvelles. Par cette innovation, la *Réforme sociale* devient le guide le plus utile pour ceux que leur profession ou leurs études obligent à être rapidement et sûrement renseignés sur le mouvement social contemporain.

**Conditions d'abonnement.** — France : un an, **20** fr.; six mois, **11** fr. — Union postale : un an, **25** fr.; six mois, **14** fr. — En dehors de l'Union postale, port en plus

---

# LA RÉFORME SOCIALE & LE CENTENAIRE DE LA RÉVOLUTION

## TRAVAUX DU CONGRÈS TENU EN 1889

Par la Société d'Économie Sociale et les Unions de la Paix Sociale

avec une Lettre préface de M. H. Taine, de l'Académie française

et une introduction sur les principes de 1789, l'Ancien régime et la Révolution

1 fort volume in-8ᵒ de 800 pages. Prix............................................ **10** fr.

Il a été tiré 25 exemplaires sur papier de Hollande au prix de 20 fr.

Faire, après une expérience d'un siècle, l'examen scientifique des questions sociales les plus importantes : l'autorité paternelle et la famille, le patronage et le régime des ateliers, le gouvernement local (commune, département, province), les principes de 89, les conditions de la paix sociale, tel est l'objet de cet ouvrage dont les divers chapitres ont pour auteurs MM. TAINE, G. PICOT, GLASSON, A. BABEAU, CH. GRAD, AD. FOCILLON, E. CHEYSSON, CLAUDIO JANNET, J. LACOINTA, CH. DE RIBBE, A. SILVY, A. DELAIRE, HUBERT VALLEROUX, CAZAJEUX, J. DES ROTOURS, etc. C'est l'inventaire social le plus complet et le plus méthodique parmi ceux dont le centenaire de 1789 a provoqué la publication.

---

# LES OUVRIERS DES DEUX MONDES

## ÉTUDES SUR LES TRAVAUX, LA VIE DOMESTIQUE & LA CONDITION MORALE DES POPULATIONS OUVRIÈRES

### NOUVELLE SÉRIE — Tome III. — Prix : 15 francs.

Commencée en 1856, sur le vœu émis par l'Académie des Sciences en couronnant les *Ouvriers européens* de F. Le Play, cette publication réunit, sous la forme de monographies de familles avec budgets domestiques et tableaux statistiques, des documents du plus haut intérêt pour l'histoire des faits économiques et la discussion des questions sociales.

Il paraît un fascicule tous les trois mois. Prix : **2** fr. En souscrivant d'avance : **1** fr. **50.** Le Tome IV est en cours.

---

Paris. — Imprimerie F. Levé, rue Cassette, 17.

www.ingramcontent.com/pod-product-compliance
Lightning Source LLC
Chambersburg PA
CBHW061128050726
47594CB00005B/2146